CREATURING

TIZIANO FRATUS

TRANSLATED BY FRANCESCO LEVATO

MARICK
PRESS

Library of Congress Cataloguing in Publication Data

Tiziano Fratus
Creaturing

ISBN 10: 1-934851-18-3
ISBN 13: 978-1-934851-18-0

Copyright © by Tiziano Fratus, 2010
Design and typesetting by Sean Tai
Translated by Francesco Levato
Cover art: *You're Stranded in the Middle of the Ocean in a Life Raft, Surrounded by Sharks, and No One Will see Your Signal Flare... You Can Have One Book, One Song...* © 2007 by Josh George

Printed and bound in the United States

Marick Press
P.O. Box 36253
Grosse Pointe Farms
Michigan 48236
www.marickpress.com

Mariela Griffor, Publisher

Distributed by
Small Press Distribution
and
Wayne State University Press

CONTENTS

    v   Translator's Note

from IL MOLOSSO * THE MOLOSSUS

    2   Il Bocca | *i vecchi documenti*
        3   Mouth II | *old documents*
            2   Picta I
                3   Image I
            6   Picta II
                7   Image II
            8   Picta III
                9   Image III
           10   Picta IV
               11   Image IV
           12   Picta V
               13   Image V
           14   Picta VI
               15   Image VI

from IL RESPIRO DELLA TERRA * BREATH OF THE EARTH

   18   Il Grande Bianco
       19   The Great White
   22   L'Odore Nella Sala D'Aspetto
       23   Scent of the Waiting Room
   24   I Ladri Di Sassi
       25   The Stone Thieves
   26   Il Lupo Di Trana
       27   The Wolf of Trana
   32   Le Mani d'un Vecchio Botanico Sovietico in Valle Susa
       33   The Hands of an Old Russian Botanist in Valle Susa
   34   I Denti di Pescecane e Gli Indiani Delle Alpi Cozie
       35   Shark Teeth and Indians of the Cotian Alps
   36   Resti di Stegosauro Sul San Giorgio
       37   Stegosaurus Remains on San Giorgio
   38   Rane Kitano, Una Specie in Via di Estinzione
       39   Kitano's Frog, A Species on the Verge of Extinction
   40   Megabombus Pennsylvanicus
       41   Megabombus Pennsylvanicus

44		Tacito ed I Reduci dal Fronte Iracheno
	45	Tacitus and Survivors from the Iraqi Front
46		Le Ombre di Hart Crane e Altre Visite
	47	The Shadows of Hart Crane and Other Visitors
48		Le Due Tatuate Alla Posta di Avignone
	49	Tattooed Women at the Avignone Post Office
52		San Francesco a Oxford Street
	53	Saint Francis at Oxford Street
54		Lo Scioglimento dei Ghiacci Secondo Irene Jacob
	55	The Melting of Ice by Irene Jacob
56		Autoritratto Agreste
	57	Rustic Self-Portrait
58		La Partita di Calcio la Domenica Mattina
	59	The Soccer Match on Sunday Morning
60		Una Gara Podistica nei Giorni del Giro D'italia
	61	A Track Meet During the Giro D'italia
62		Francobolli Rari
	63	Rare Stamps
64		L'Accorto Respiro Della Natura
	65	Nature's Sharp Breath
66		L'Airone Cenerino Trasportato dal Grecale
	67	Ash Gray Heron Carried on Mediterranean Currents

from L'UOMO RADICE ∗ THE ROOT MAN

70		La Volpe Rossa
	71	The Red Fox
74		Il San Sebastiano di Piossasco
	75	Saint Sebastian of Piossasco
76		Preparazioni Galeniche e Officinali
	77	Galenical and Medicinal Preparations

from HISTORIAS DE MALO AMOR

82		Parlando di Viaggi All'estero a Fine Novembre
	83	Talking About International Travel at the End of November
86		Utamaro Ai Piedi del Monviso
	87	Utamaro at the Foot of Monviso
90		La Bellezza Degli Animali Selvatici in Corsa
	91	The Beauty of Wild Animals Running
92		I Gatti di George Ballantine
	93	George Ballantine's Cats

TRANSLATOR'S NOTE

Born in 1975 in Bergamo, Italy, Tiziano Fratus has published 11 books of poetry including what was my introduction to his work *Il Molosso*, a dramatic verse cycle that runs almost 250 pages and embodies the scope of Fratus' poetic concerns and his artistic ambition. A prolific writer and an equally prolific publisher Fratus launched the independent poetry press Edizioni Torino Poesia in 2007 to give voice to a new generation of young Northern Italian poets. The press grew from Festival Torino Poesia, a small poetry festival founded by Fratus in 2006 to address the absence of poetry in the literary events following the naming of Turin, by UNESCO, as the World Book Capital for 2006-2007. In the four years that followed the press and the festival experienced tremendous growth and became Manifattura Torino Poesia, now encompassing publishing imprints and reading events that span North and South America, Europe, and Asia. Despite such expansion Fratus' publishing and poetics still focus on the local, on his belief that the poet "should seek to work in their own territory, like a farmer cultivating their vines, their corn, like an artisan giving form to terracotta..." This tactile sense of the material, of writing from one's own landscape infuses Fratus' poetry which like the physicality of the Po Valley and of the history that surrounds him is richly textured with dense imagery and the inextricable strands of the sociopolitical.

From the Beat inspired lines of *Il Molosso*:

it is impossible to forget . . .

the bombing in piazza fontana the smoke the metal the symbols sewn on the waving shirts in the voices and in the patterns
the fight for rights that seemed to justify any action

to the humanistic philosophy of the Franciscans in saint francis at oxford street:

> . . . go to a
> supermarket on oxford street and give away everything: birth
> certificate, passport, house keys, car, works
> of art: resetting the precipice of time, imploding
> the complex equations of financial economics

Fratus' poetry explores what it means to be a young Italian poet today in the shadow of historical, cultural, and traditional forces. These tensions, archetypal, at once timeless and timely are the aspects of Fratus' work that I find most affecting and that, in the selections found in this volume, I hope to highlight.

from

IL MOLOSSO

*

THE MOLOSSUS

II BOCCA | *i vecchi documenti*

PICTA I

non è possibile dimenticare la germania del trenta giugno
trentaquattro la germania del trentacinque la germania del marzo
trentanove la germania dell'inverno quarantuno la germania del
trenta aprile quarantacinque
i vessilli le folle le uniformi il trionfo della volontà la biologia
la disciplina
e alfine le città rase al suolo accartocciate dalla furia della
geometria
un impero ridotto a granelli di sale
non è possibile dimenticare l'italia fascista dell'ottobre ventidue
l'italia del tre gennaio venticinque l'italia del nove maggio trentasei
l'italia del ventotto aprile quaratacinque
la marcia il saluto romano le sbarre della cella di gramsci l'etiopia
palazzo venezia
i resti inermi dell'ultimo nipote dei cesari
non è possibile dimenticare la palestina del maggio quarantotto la
palestina del ventisette aprile cinquanta la palestina del giugno
sessantasette la palestina
gli arabi cacciati dalle proprie case le speranze dei profughi la
sofferenza dei sopravvissuti le bombe gli attentati le guerre
gerusalemme unificata capitale dello stato di israele il trenta giugno
millenovecentoottanta
i cimiteri viventi di sabra e chatila
il muro picconato a berlino e risorto in terra santa
non è possibile
dimenticare la fucilazione di garçia lorca
dimenticare celan e la sua faccia luminosa accanto alla moglie
francese e le sue poesie decifrate
dimenticare le camminate che attraversano le campagne del

MOUTH II | *old documents*

IMAGE I

it is impossible to forget the germany of june thirtieth
nineteen thirty-four the germany of thirty-five the germany of march
nineteen thirty-nine the germany of the winter of forty-one the germany of
april thirtieth nineteen forty-five
the banners the crowds the uniforms the triumph of biological will
the discipline
and ultimately the cities razed to the ground crushed by the fury of
geometry
an empire reduced to grains of salt
it is impossible to forget the fascist italy of october nineteen twenty-two
the italy of january third nineteen twenty-five the italy of may ninth
    nineteen thirty-six
the italy of april twenty-eighth nineteen forty-five
la march the roman salute the bars of gramsci's cell ethiopia
palazzo venezia
the defenseless remains of the last grandchild of caesars
it is impossible to forget the palestine of may nineteen forty-eight the
palestine of april twenty-seventh nineteen fifty the palestine of june
nineteen sixty-seven palestine
the arabs driven from their houses the hope of the refugees the
suffering of the survivors the bombs the attacks the wars
jerusalem unified capital of the state of israel june thirtieth
nineteen eighty
the cemeteries the living of sabra and chatila
the berlin wall pick axed and returned to holy ground
it is impossible
to forget the execution of garçia lorca
to forget celan and his luminous face next to his french wife
and his deciphered poetry

continente
di ritorno da un congresso sul concentramento delle cavallette
dimenticare le pareti di cemento colate a tagliare l'ossigeno e le
scottature del sole intorno ai poeti russi
dimenticare danzica la cavalleria polacca e ciò che non riusciamo
a dispiegare con il vocabolario e la sintassi
non è possibile ricominciare a costruire il mondo
senza fare i conti mai risolti col passato con la storia interrotta
osare ammettere la compromissione e smetterla di falsificare i
documenti
correre in strada e contestare le leggi rette dalla menzogna
fare la morale alla morale
smascherare con la morale gli epitaffi dei guardiani
soccorrere moro e non lasciarlo crepare in mano ad un gruppo di
disperati
non è possibile continuare a tollerare la menzogna delle
generazioni
i corpi dei cadaveri non hanno niente da nascondere
non lo puoi più toccare un uomo steso scomposto o vestito
dimenticato dal respiro

forget the walks across the countrysides of the
continent
returning from a convention on the concentration of grasshoppers
forget the cement walls cast to cut out oxygen and the
burn of the sun on russian poets
forget danzig the polish cavalry and that which we cannot
expose with vocabulary and syntax
it is impossible to start building the world again
without settling the unresolved with the past with disrupted history
daring to admit prejudice and stopping the falsification of
documents
running in the street and challenging the laws upholding lies
playing moralist to the moral
exposing the epitaphs of our keepers with morality
aiding moro and not letting him die at the hands of a group of
desperados
it is impossible to continue tolerating the lies of
generations
the bodies of the dead have nothing to hide
you can no longer touch a man knocked down disheveled or dressed
forgotten by breath

PICTA II

la torino del sessantotto coi banchi gli striscioni le aule occupate
il teatro in strada e l'illusione che un operaio potesse disquisire di
filosofia con uno studente
l'attentato in piazza fontana i fumi i metalli i simboli cuciti sulle
camicie sventolate nelle voci e nelle formule
la lotta per i diritti che sembravano giustificare qualunque azione
motivata da un principio morale in una certa misura condiviso
non si uccide un commissario un giornalista un poliziotto senza
parlarne con un amico
la morte nasce dal vocabolario dalla sintassi dal respiro
una guerra combattuta sulle colonne dei quotidiani ma soprattutto
nei cessi delle fabbriche nelle abitazioni e nelle stanze del sindacato
spingere la verità da una sola parte avvicina il paradiso alla parigi
di robespierre
per anni nemici e per anni famiglie scartavetrate dalla colpa di
essere *vittime*
oggi gli uffici pullulano di militari in pensione
in biblioteca in anagrafe in università
resistono silenziosi con il loro corredo di ricordi di scalpelli
arrugginiti di reliquie comunque oggetto di un mercato sotterraneo
a noi che guardiamo dal vertice di un futuro diventato imperfetto
resta la dura constatazione che il passato non può tornare sebbene
vada tatuato su pelle

IMAGE II

the turin of seventy-eight with the desks the banners classrooms filled
street theater and the illusion that a laborer could discuss
philosophy with a student
the bombing in piazza fontana the smoke the metal the symbols sewn on the
waving shirts in the voices and in the patterns
the fight for rights that seemed to justify any action
motivated by a moral principal to a certain degree shared
one doesn't kill a commissioner a journalist a police officer without
first consulting a friend
death is born from the vocabulary from the syntax from the breath
a war fought in the columns of daily papers but above all
in the factory dumps in the residences and in the offices of the mayor
pushing the truth from one single point closer to the paradise of robespierre's
paris
for years enemies and for years families cleansed of the guilt
of being victims
today the offices are bursting with retired military
in the library in the registry in the university
they silently resist with their hope chest of memories of rusted
chisels of relics even if objects of an underground market
to us watching from the apex of a future turned imperfect
lies the hard realization that the past cannot return even if
tattooed on skin

PICTA III

quanti fiumi d'inchiostro versati su carta di riso
ora ricordando l'invasione del trentasette in manciuria
ora accusando i giapponesi di negare il peso della responsabilità
ora indagando sulle percentuali della pena di morte applicata nelle carceri cinesi
ora analizzando gli interessi economici che sostengono gli sviluppi dell'economia
il primo ministro passeggia in tuta in un parco della capitale
incrocia un team di signore che da una vita votano liberale
chiede *siete contente del miglioramento dei rapporti fra cina e giappone*
le donne s'inchinano sorridono poi riprendono a discutere dei nipoti che consumano le suole delle scarpe nelle sale da gioco dell'inflazione in crescita
nessuna osa chiedere chi fosse quell'uomo che le ha fermate
il primo ministro entra nel parlamento dai legni di ciliegio
dichiara che i due paesi godono di interessi in comune
ma non rinuncia a reclamare giustizia per i vecchi massacri a nanchino
evita di parlare del tibet e della violazione dei diritti universali
si limita a sottolineare ciò che non compare nei libri di storia

IMAGE III

how many rivers of ink poured on rice paper
now remember the invasion of thirty-seven in manchuria
now accuse the japanese of denying the weight of responsibility
now investigate the percentage of death penalties enforced in
chinese prisons
now analyze the economic interests that sustain economic
development
the prime minister out walking in a track suit in a park of the capital
crosses paths with a team of businessmen that for years voted liberal
he asks *are you happy with the improvement of relations between china and
japan*
the women kneel they smile then return to discussing
grandchildren who wear out the soles of their shoes in video arcades
of rising inflation
no one dares ask if it was that man who had stopped
the prime minister going into the cherry-wood parliament
declaring that the two countries enjoy common interests
but will not renounce or call for justice for the old massacred at
nanjing
he avoids speaking of tibet and of the violation of universal rights
he limits himself to underlining what doesn't appear in history books

PICTA IV

toglietelo via quel cadavere affondato in questa pozza di fango
toglietelo via mio figlio vomita ogni giorno prima di entrare a
scuola e dopo essere rientrato in casa
toglietelo via nemmeno la terra pulita per pulirci le mani
nemmeno l'aria pura per risciacquare l'anima
il dittatore faceva tacere le bocche marce che oggi sono esposte al
sole nonostante la vigilanza dei fucili occidentali
chi può salvare un corpo decapitato

IMAGE IV

take away that corpse submerged in this pool of mud
take away my son vomiting every day before entering
school and after returning home
even take away the clean earth for washing our hands
and the pure air for rinsing the soul
the dictator silenced the rotting mouths that today are exposed to the
sun despite the vigilance of western rifles
who can save a decapitated body

PICTA V

ho freddo eppure c'è la stessa temperatura di ieri e dell'altro ieri
ma ho freddo oggi ho freddo
mi dice che la vita è troppo corta anche per avere freddo in un
giorno uguale a ieri e all'altro ieri
però la vita se ci pensi è abbastanza lunga
ma pensa mi bacchetta a quanto è stata lunga la vita per quel
ragazzo della nostra età che studiava tocquevill' all'avana
poco dopo l'incidente della baia non faceva che rileggere e
consumare quel volume in brossura
scuriva le pagine con la saliva e la polvere soprattutto le estremità
le orecchie che non erano veramente orecchie perché non le
piegava semmai le affogava di impronte
di quella materia organica che producono alcuni studenti
a causa della rivoluzione ha dovuto nascondersi
ha dovuto coltivare soltanto per sé la passione per tocqueville
che ha continuato a leggere fino alla morte
trentacinque anni di amore silenzioso
una penelope in versione maschile e mulatta
è vero che il senso di colpa non genera futuro come è vero che
ogni lettera una volta letta va bruciata

IMAGE V

i'm cold and yet it is the same temperature as yesterday and the day before
but i'm cold today i'm cold
i'm told that life is too short still to be cold on a
day equal to yesterday and the day before
but if you think about it life is long enough
but think it torments me how long life was for that
boy our age who was studying tocqueville in havana
shortly after the bay incident he couldn't do other than reread and
consume that paperback book
darkening the pages with saliva and dust especially the edges
the dog-ears that weren't really ears because
he wouldn't fold them but drown them in fingerprints
of that organic material some students produce
because of the revolution he had to hide himself
had to cultivate within himself a passion for tocqueville
that he continued to read until his death
thirty-five years of silent love
a masculine and mulatto version of penelope
it's true that a sense of guilt doesn't bring about the future just as it's true that
each letter once read gets burnt

PICTA VI

il cristianesimo celtico respira fra le rovine delle abbazie che
spiccano ancora orgogliose sulle punte di basalto che
rocciosamente sfidano le grida delle masse
i mari mischiati in acque con gli oceani
i fiumi confusi nel dialetto con le lingue universali sviscerate nel
corso dei secoli dal becco dei gabbiani
i codici miniati e sussurrati nelle terre del nord europa
le reliquie piuttosto false nelle quali le madri
e le vedove dall'occhio sottile hanno depositato i segreti soprattutto
se inconfessabili
venti tonnellate di formaldeide circondano uno squalo australiano
che sta con la bocca squarciata a spaventare
diciamo a incuriosire i bambini che finiscono con naso schiacciato
contro il vetro
le labbra sistemate in una ingenua "o" perfettamente
asimmetrica

IMAGE VI

celtic christianity breathes from the ruins of the abbeys that
stand out still proud on the basalt peaks that
with stony resolve challenge the cries of the masses
the seas mixed with the water of the oceans
the rivers confused in dialect with universal languages gutted in the
course of centuries by the beaks of seagulls
the minutely detailed codes and whispers in northern european lands
the false relics in which mothers
and widows discretely deposited secrets especially
if unmentionable
twenty tons of formaldehyde surrounds an australian shark
that rests with its mouth ripped open meant to frighten
we say to intrigue children who end with their noses pressed
against the glass
lips arranged innocently in the shape of a perfectly
asymmetrical "o"

from

IL RESPIRO DELLA TERRA

✶

BREATH OF THE EARTH

IL GRANDE BIANCO

grattavano, si sentiva riempire l'aria, un rumore pieno
di erre: la grande montagna isolava lo sguardo,
ricuciva il mondo in un fazzoletto di poche manciate:
le persone costrette a camminare alla continua ricerca
di equilibrio, con ampia circospezione, trovavano il tempo
e l'orgoglio per guardarsi dritte in faccia, per salutarsi:
i piedi scalciavano la poltiglia che ricopriva la strada,
le automobili slittavano, uno spazzaneve si limitava
a schiacciare la neve sull'acqua che la sera si trasformava
in ghiaccio, i babbi natali si arrampicavano giù dalle facciate
delle abitazioni: di fianco alla scuola elementare
che ospita le votazioni alle politiche, qualche passero
pennellato nello scintillio della neve: gli uomini a casa,
quasi sempre con un berretto a coprire i capelli bianchi,
spalavano i vialetti: vicino alla chiesetta in centro,
un gruppetto di paesani stretto intorno alla signora che a terra
aveva deciso di verificare lo stato delle cose: non aveva mai
visto una nevicata simile, da quando era al mondo, nemmeno
nel ventennio, e di questi tempi, diffidare, era quantomeno
segno di vivacità intellettuale: la strada provinciale che
attraversava il paese era sgombra, le automobili si addensavano
scavalcando i depositi di neve e ghiaccio: davanti al
supermarket lo spazzaneve non era passato, la cassiera si
lamentava, *non possiamo fare tutto noi,* un uomo sui
cinquanta (in)seguiva la madre anziana, più agitato di lei:
un ragazzo aveva vinto qualcosa, al supermarket lo conosceva
tutte le commesse, all'ingresso scaricava merce dal furgone:
in posta c'era una nuova donna, le unghie laccate di fresco
con le punte bianche, portava una maglia a collo ampio,
voluminoso, i capelli biondi e lisci, sembravano i suoi,
un'espressione seria ma serena, una bella donna e gli uomini

THE GREAT WHITE

they were scraping, you could hear the air fill, a sound full
of splinters: the great mountain blocked sight,
sewed the world up in a handful of tissue:
people forced to walk in continual search
of equilibrium, with ample caution, found the time
and pride to look you in face, to greet you:
feet kicking up slush that covered the street
cars sliding, a snowplow reduced
to smashing snow on water that by evening transformed
into ice, santa clauses climbed down from the facades
of houses: next to the elementary school
that hosts election polls, some passer-by
painted in the sparkle of snow: the men at home
almost always with a hat covering white hair,
shoveled sidewalks: near the little church in the center of town
a group of townspeople close around a woman who on the ground
had decided to verify the state of things: she had never
seen such a snowfall, not while traveling the world, not even
during the years of fascism, and these times, distrusting, it was more or less
a sign of intellectual clarity: the secondary road that
crossed town was clear, the cars thickened
climbing deposits of snow and ice: in front
of the supermarket no snowplow passed, the cashier
complained. *we can't do it all ourselves,* a man
in his fifties followed his aging mother, more agitated than she:
a boy had won something, at the supermarket he knew
all the cashiers, at the entrance he unloaded merchandise from the truck:
at the post office there was a new woman, fingernails freshly painted
with white at the tips, wearing a wide collared shirt,
voluminous, blond hair and smooth, seemed like her own,
an expression serious but serene, a beautiful woman, and the men

del posto ogni tanto sbirciavano: il meccanico salutava
con una calorosa stretta di mano, era contento perché
la neve faceva lavorare, *le macchine non partono,*
la gente si lamentava perché pretendeva di andare
in giro senza le gomme adatte, le invernali, restando
impantanati o bocciando: *speriamo duri così per un
paio di mesi* butto lì, sfregandosi le mani e buttando
fuori respiro usato, nelle quattro mura della carrozzeria
sempre uguale a sé stessa, da anni: gli consegnava
la vecchia automobile blu che ancora non sapeva della
neve caduta negli ultimi giorni, usciva, infilava una
stradina verso casa e sciava in garage: tutto era coperto
in un immenso bianco lunare

in the office would occasionally steal a glance: the mechanic greeted
with a warm handshake, was happy because
snow meant work, *the cars wouldn't start,*
people complained as they insisted on driving
without proper tires, snow tires, remaining
stuck or blocked: *we really hope*
for a set this month, rubbing hands together and exhaling
used breath, within the four walls of the auto shop
unchanged in years: he delivered
the old blue car that has yet to know
the snowfall of the previous days, exits, threads its way
onto the street for home, and skis into the garage: everything covered
in an immense lunar white

L'ODORE NELLA SALA D'ASPETTO

di nuovo giorno, di nuovo alla stessa ora:
di nuovo il sapore sbilenco della provincia,
con le sue abitudini, le piccole manie, gli eccessi
nel colore, nei cambi di stagione, nelle piogge:
il solito odore di alcool, che si rinnova
durante le ore del giorno: a volte qualche fermento,
come i racconti della festa del paese, l'incidente
alla curva dove ha perso la vita un ragazzo,
un bravo ragazzo come lo sono tutti, di fronte
al niente che viene subito dopo: un uomo
attende la visita mensile parlottando al telefono
di calcio e classifica, una donna russa,
qualcuno la sveglia, ridono: le medicine che prende
inducono al sonno: una nuova ragazza, mai vista,
alta, magra, con gli occhi fissi, occhiaie centenarie,
facile al sorriso ma non alla parola: entra,
si presenta offrendo delicatamente la mano,
è senza forze' soffre d'amore, di depressione,
è stata picchiata dal suo ex: lo ama ancora, dice,
e piange: le lacrime congelano anche il moto delle
lancette dell'orologio appeso sopra una stampa:
il dottore prova a dirle che la cosa più importante è
aspettare, *il tempo lenisce,* e non si tratta soltanto di
un luogo comune: è successo a molti, anche a lui,
molti anni prima, per fortuna: oggi ne prova
tenerezza, al pensiero, ma ricorda che al tempo,
la voglia di carne, il richiamo del sangue era vivo,
a tratti irresistibile: se ne va via deformando il volto,
lasciandolo nell'impotenza fino al tramonto, all'ora
di fine visita: affonda il naso nei fiori e nelle foglie
della maggiorana che tiene sulla scrivania: ci sono
soltanto due modi di fare le cose, farle o non farle

SCENT OF THE WAITING ROOM

again day, again at the same hour:
again the oblique flavor of the province,
with its habits, its little manias, the excesses
of color, in the change of seasons, in the rain:
the usual smell of alcohol, that renews itself
during the hours of day: at times some stirring,
like the stories of the town festival, the accident
at the curve where a boy lost his life,
a good kid, as they all are, in the face
of the nothingness that comes after: a man
awaiting his monthly visit grumbles on the phone
about soccer and ranking, a russian woman,
someone wakes her, laughing: the medicine he takes
to induce sleep, a new girl, never seen,
tall, thin, with eyes fixed, shadows of a centenarian,
easy with a smile but not with words: enters,
presents herself offering delicately her hand,
powerless, suffers from love, from depression,
she was beaten by her ex: still loves him, she says,
and cries: her tears freeze even the movement of
the clock hands suspended over a framed print:
the doctor tries telling her that the most important thing is
waiting, *time heals,* and it isn't just
a saying: it has happened to many, even him,
many years ago, fortunately: for now try
tenderness, in thought, but remember at times,
desires of the flesh, the call of blood once alive,
an irresistible draw: her face straining she departs,
leaving him impotent until sunset, the last
visiting hour: he buries his nose in the flowers and the leaves
of marjoram kept on the desk: there are
only two ways of doing things, either do them or don't

I LADRI DI SASSI

la domenica mattina il fiume che attraversa la valle
gorgheggia, alcune automobili slittano sul selciato umido,
occhi che scrutano con sospetto, intorno: la riva mostra ferite
improvvise, vuoti, fango fresco dovuto alla mano dell'uomo:
i gatti musicano a naso le nuove decorazioni dei giardini:
file di sassi chiari disposte sulla terra smossa, semicerchi
intorno alle rose, nervature, raggi, figure geometriche
imprecise, come tutto ciò che riguarda l+artigianato
italiano: i giotto della campagna hanno perso gli insegnamenti
del grande maestro, lo sanno, lo confessano:
questa mattina hanno rinunciato ad alzarsi alle cinque
per andare a pescare trote e cavedani, su nella valle,
dove il fiume è un torrente che scivola sui sassi e si fa ombra:
la temperatura dei primi di maggio lo permette: anche
se quest'anno le nevi si abbassano sotto i mille, e lo spettacolo
delle alpi lascia, ogni giorno, senza respiro

THE STONE THIEVES

sunday morning the river that crosses the valley
warbles, a few cars skid on the damp pavement,
eyes scan the area with suspicion: the bank shows wounds
unexpected, empty, fresh mud owed to the hands of man:
cats set to music the new decorations in the garden:
lines of clear stones deposited on the rippled earth, semicircle
around roses, veining, rays, imprecise geometric figures,
like everything concerning italian handcraft:
the giottos of the countryside have lost the master's
lessons, they know this, confess it:
this morning they gave up rising at five
to go fishing for trout and whitefish, down in the valley,
where the river is a torrent that slides over stones and casts shadows:
the temperature at the beginning of may allows this: even if
this year the snow is below a thousand meters, and the spectacle
of the alps leaves, each day, breathless

IL LUPO DI TRANA

sente l'umido raccolto, passo dopo passo, in questa mattina
di luce alta che colora d'azzurro la calotta, soltanto ieri,
invisibile: galleggia sotto un arco in sassi e pietre, annusa
l'odore del legno usato per costruire il ponte nuovo, sul fiume,
dopo la più recente alluvione che aveva spazzato la valle,
le acque el'dono il desiderio d+immobilità: la schiena raspa
contro il muro della casa alla curva, a testa bassa aumenta il
passo, sale osservando il paesaggio in ombra lungo il fiume
che si allontana, fino alla comparsa della montagna che
espone il fianco denudato, osceno: si domanda spesso se
sia mai stato in cima, lassù: riprende la corsa, sospetti
d'ombra, fiancheggia la rete che delimita la zona della
torbiera, qualche automobile sfreccia sulla strada, l'erba
e i rami di acacia solleticano le zampe e talvolta sfregano
sotto pancia: dalla parte opposta un essere umano scende
dall'auto, stringe al braccio una gerla intrecciata, si appresta
a penetrare un sentiero in cerca di funghi e castagne, le ultime
di stagione: lo vede e fischia, agitando la mano su una gamba,
il fischio si perde nel bosco come l'ombra del lupo, che
accelera la corsa, un cancello scuro segnala il sole e la zona
abitata: il traffico aumenta, una siepe e mezza strada a sinistra,
un santino, salita, curva, sole che acceca, sui terrazzi spuntano
donne in vestaglia e capelli raccolti da spilloni o tenuti insieme
da forcine: la salita comprime il respiro, il sole riscalda la pelle,
scrol'ando di dosso parte dell'umidità raccolta al fiume: alti
tronchi di pini da circumnavigare, dietro una rete verde,
finalmente, la strada degli uomini lascia spazio alla strada del
bosco e delle bestie, corsa, zampe bagnate, odore di terra,
odore di macerazione, odore di foglia, arbusti e rami a riempire
gli occhi: è ora di farsi sentire: uno squarcio di foresta
interrompe il silenzio del bosco, un eco che figlia altri eco in

THE WOLF OF TRANA

he feels the dampness collected, step by step, in this morning
of high light that colors the icecap azure, only yesterday,
invisible: floats under an arch of rock and stone, catching a scent
of the smell of wood used in constructing the new bridge, on the river,
after the recent flood that split the valley,
waters eluding the desire of immobility: his back scrapes
against the wall of a house on the curve, head low he clears
the pass, climbs observing the countryside in shadow along the river
that moves away, to the advent of the mountain that
exposes its bare side, salacious: one wonders often if
he was ever at the peak, up there: he retakes to running, suspicious
of the shadow, he borders the fence that marks
the peat bog, cars dart along the road, grass
and acacia branches tickle his paws and sometimes rub
under his belly: from the other side a human being gets out of
a car, holding in its arms a woven basket, preparing
to penetrate a path in search of mushrooms and chestnuts, the last
of the season: it sees him and whistles, patting a hand against leg,
the whistle is lost in the woods like the shadow of the wolf, that
speeds its course, a dark gate signals the sun and the residential
zone: traffic increases, a hedge and half a road to the left,
a roadside saint, an ascent, a curve, sun that blinds, on the terraces appear
women in robes and hair gathered with hatpins or held in place
by barrettes: the climb compresses breath, the sun heats skin,
shaking off the dampness collected by the river: tall
trunks of pine to circumnavigate, behind a green fence,
finally, the road of man gives way to the road
of the forest and of beasts, running, paws wet, scent of the earth,
the scent of maceration, the scent of leaves, of bushes and branches to
    replenish
the eyes: it's time to let himself hear: an opening in the forest

salita, lungo i dorsi di montagna, disconoscendo le
serrature che proteggono il segreto del bosco vecchio:
corsa sul sentiero sterrato, odore di terra, odore di foglia,
od're di vita e libertà, odore d+umido nelle ossa, rintocchi
di campana risalgono la vallata, radici esposte e fossi
dentro cui rotolarsi, intrichi di rami secchi che tentano
di graffiare il cielo, campi e materassi di foglie di quercia,
terra franata ai lati del sentiero, ora cementato, bacche
rosse e la schiena che prude, arcobaleni di felce nana
non ancora morsi dall'inverno, che bussa toc toc, con
crescente insistenza, tronchi ricoperti di foglie d'edera
giovane, atolli scolpiti di more e spine, muschi e muffe
sopra la pietra, impressioni di rugiada, il cuore tenero
del legno che si sfarina in gola, il solo rumore del suo
movimento: gocce che si rincorrono, una lingua asfaltata,
un palo della luce e fili appesi, una croce in legno in cima
ad una radura, muri a vista e tetti sfondati dal cinguettio
dei passeri, un forno avvolto dalla vegetazione, una lastra
coperta di graffi e scritte: riparato gennaio 1938: un fusto
di acacia sfrontato, cresciuto dentro un'abitazione a due
piani, stanze dove passare la notte, bave di ragnatela calanti
dai soffitti a tronchi legati e inchiodati, pavimenti in polvere
ed edera, muri mai dipinti e sgretolati, i resti di un amore
recente, fra ragazzi, il richiamo eterno delle vette innevate
che stanno là nel silenzio, congelato, della preistoria,
quando la geologia non era un concetto utile alla conta
del tempo: foglie carmini(e) scosse da un vento, il pelo
che si muove a onde, il muso alzato al tepore del sole:
una vena violacea indica il corpo svitato di un lupo
accartocciato, in un fosso, a lato del sentiero, la lingua
rilassata oltre la dentatura, gli occhi sgranati da ogni forma
di riflesso: non serve nemmeno str'ttonarlo per le zampe,
scuoterne l'immobilità senza ritorno, guaire

breaks the silence of the woods, an echo that weaves other echoes
climbing, along the crest of the mountain, unaware
of the ridge that protects the secret of the old forest:
he runs along the worn path, scent of earth, scent of leaves,
scent of life and freedom, scent of dampness in the bones, the din
of the countryside climbs up the valley, exposed roots and ditches
in which to wrap oneself, intricacies of bramble that attempts
to scratch the sky, fields and beds of oak leaves,
dirt falling away from the sides of the path, now cemented, red
berries and a back that itches, rainbows of dwarf ferns
not yet bitten by winter, that knocks, with
growing insistence, trunks covered with young ivy,
carved atolls of blackberries and thorns, moss and mold
over rocks, impressions of dew, the soft heart
of wood that powders in throat, the only noise his
movement: drops that run, a paved tongue,
a shaft of light and lines hung, a wooden cross in a clearing
at the peak, walls in view and roofs collapsed by the chattering
of passers-by, a wood burning oven covered in vegetation, a slab
covered in scratches and writing: repaired in january 1938: a trunk
of bold acacia, grown inside a two level house,
rooms to spend the night, sprays of fallen spider webs
from a ceiling made of logs tied and nailed, floors covered
in dust and ivy, walls never painted and crumbling, the remains of a recent
affair, between teenagers, the eternal call of snow covered peaks
there in the silence, frozen, in prehistory,
when geology wasn't a concept useful for counting
the passage of time: carmine leaves shaken by wind, a coat
that moves in waves, muzzle raised to the heat of the sun:
a purplish vein marks the twisted body of a wolf
shriveled, in a ditch, at the side of the path, tongue
hanging over teeth, eyes open to every form
of reflection: there is no use in pushing him to his feet,

come una creatura priva di difesa, resta in attesa che
la terra si spalanchi e lo inghiottisca: uno sparo
di fucile si inietta sotto la pelle del mondo

upsetting the immobility without return, healing
like a creature deprived of defense, waiting
for the earth to open and swallow him: a rifle shot
injects itself under the skin of the world

LE MANI D'UN VECCHIO BOTANICO SOVIETICO IN VALLE SUSA

poggiato sul bastone nodoso, puntava l'odore dei muschi:
negli anni aveva raccolto i segnali della presenza,
scrivendo, ma senza inchiostro, un manuale di raccolta
delle orchidee spontanee, in val di susa: aveva capito
i punti buoni, vicino all'acqua, zone umide, lontane
dalle strade, sono fiori sensibili ad ogni forma di
inquinamento: ed ecco una scarpetta di venere, una
cypripedium calceolus, se ne trovano qui e nel parco
della val pesio: sarcastico nome da dare a un fiore,
in greco *orchis* significa testicolo: adagiato il bastone
a terra e incrociate le ginocchia apre la sacca, scatta
alcune fotografie: resta a guardare, ad ascoltare la piccola
storia del fiore: ricorda le prime orch'dee che vide,
al giardino botanico dell+università di leningrado, al primo
ann' di studi: la città stava per cadere sotto l+assedio dei
tedeschi, novecento giorni di freddo, di sedie bruciate, di
gente che moriva come mosche, anche prima dei
bombardamenti: ancora ricorda il sapore che lasciava
in gola l'acqua scaldata con gli aghi di pino,
un'invenzione della guerra, unico antidoto contro lo
scorbuto: il volto si fa grandinoso, soltanto il tempo
di riaprire gli occhi e di farsi rimpicciolire il dramma

THE HANDS OF AN OLD RUSSIAN BOTANIST IN VALLE SUSA

resting on a knobby walking stick, he picked up the scent of moss:
over the years he gathered the signs of their presence,
writing, without ink, a manual for the collecting
of wild orchids, in val di susa: he knew
the right places, near water, humid areas, far
from roads, they are flowers sensitive to any form of
pollution: and here is a lady's slipper, a
cypripedium calceolus, they are found here in the park
of val pesio: sarcastic name to give a flower,
in greek *orchis* means testicle: the walking stick laid
on the ground legs crossed he opens the sack, takes
a few photographs: he stays to watch, to listen to the flower's
small story: he remembers the first orchid he saw,
at the botanical garden of the university of leningrad, during the first
year of studies: the city was about to fall under the siege
of the germans, nine hundred years of cold, of capitals burned, of
people dying like flies, even before
the bombings: he still remembers the taste left
in the throat by water warmed with pine needles,
an invention of the war, the only antidote against
scurvy: his face a hailstorm, only time
can open eyes and diminish the drama

I DENTI DI PESCECANE E GLI INDIANI DELLE ALPI COZIE

ci vorrebbe un terremoto, a spaccare l'aria,
a fendere questo muro spesso di immobilità
che non fa respirare, che non permette di guardare oltre:
ci vorrebbe un boato, che percorra le vallate giù dai denti
di pescecane, come un sussulto peristaltico, capace
di scrollare le anime incollate malamente alla sola
materia organica, o di smembrare i soprabiti in foglia
che ci si cuce indosso: già si percepiscono i colpi
dei martelli pesanti degli operai, in marcia dal meridione
trivellato e tradito, che confluiscono nel fiume dei cassaintegrati
accolti con il solito inesatto entusiasmo italico:
i politici in berlina e completo scuro, abbronzati
al sole di qualche isola nell'oceano indiano,
sono riusciti, anche stavolta, ad appiccicare una stellina
quando la situazione pareva oramai tenere: ci vorrebbe
la dignità di un popolo confinato nei confini di una riserva,
il respiro dei battiti dei piedi, sulla terra e sulla roccia,
il clamore della preghiera alle divinità della terra,
i fulmini che preannunciano la pioggia in arrivo:
ma dietro le ombre che si allungano non esistono
confini di riserva, non esistono uomini bianchi
con il fucile puntato: non esistono tradizioni
perdute che possano salvare

SHARK TEETH AND INDIANS OF THE COTIAN ALPS

you would need an earthquake, to split the air,
to crack this wall thick with paralysis
that keeps you from breathing, that disallows looking elsewhere:
you would need a rumbling, that runs through the valley down to the shark
teeth, like a peristaltic shock, capable
of shaking loose souls attached so poorly to mere
organic material, or to tear clothing apart into the sheets
in which you are sewn: even now you can feel the blows
of the heavy workmen's hammers, in march from the south
drilled and betrayed, merging in a river of laid off workers
received with the usual vague italic enthusiasm:
the politicians in their sedans and dark suits, tanned
in the sun of some island in the indian ocean,
succeeded, even this time, to affix a little star
when the situation seemed more or less certain: you would need
the dignity of a people confined within the borders of a reserve,
the breath of the pounding of feet, on soil and on rock,
the clamor of prayer to the spirits of the earth,
the lightning that heralds the coming of rain:
but behind the lengthening shadows the borders of a reserve
do not exist, white men with rifles aimed
do not exist, lost traditions that can offer salvation
do not exist

RESTI DI STEGOSAURO SUL SAN GIORGIO

guardi questa terra, non è solenne e maestosa?
—king vidor

la cima non vuole spuntare, sebbene il cielo
sfrangi di celeste: ascolta l'affanno dare ritmo
alla foresta di conifere, che si fa raggiungere
dalla sinfonia che monta dalla pianura, ai piedi
delle prealpi: alle spalle, le placche di uno
stegosauro, in pietra, espulse migliaia di anni
fa dal fermento della terra: ricoperte di muschi
e minimamente ritoccate dal pensiero della
pioggia, ignorano la storia moderna, ignorano
la storia antica: c'erano prima dell'uomo e
probabilmente anche dopo: inarca le
sopracciglia e scuote la testa: sorpreso guarda
intorno, nessuno l'ha notato: conosce un nuovo
significato dell'azione *appendersi ad un bastone*

STEGOSAURUS REMAINS ON SAN GIORGIO

look at this land, isn't it solemn and majestic
—king vidor

the summit doesn't want to break, even if the sky
would fray the heavens: listen the breathlessness gives rhythm
to the conifer forest, that you can reach
from the symphony that rises from the plains, to the base
of the alpine foothills: to the shoulders, the plates
of a stegosaurus, in stone, expelled millions of years ago
from the ferment of the earth: covered in moss
and barely touched by the thought
of rain, unaware of modern history, unaware
of ancient history: they were here before man
and probably even after: he raises
his eyebrows and shakes his head: he looks around
surprised, no one noticed: he knows a new
meaning for *hanging oneself on a stick*

RANE KITANO, UNA SPECIE IN VIA DI ESTINZIONE

nei lunghi pomeriggi d'estate gli occhi contano a b'ttiti
la profondità orizzontale della campagna, l+alternanza
di ore morte in cui il sole cola a picco ogni falsa idea
di momentanea freschezza: con ancora nelle orecchie il
fragore delle risate, la serata precedente, quando si faceva
a gara per spegnere, a pestoni, i pali della luce, lungo la
strada asfaltata che porta al cimitero: uno dei ragazzi, a
torso nudo, butta lì di andare al laghetto a catturare rane:
e con cosa vorresti prenderle? con la lingua?!
nemmeno la vita anfibia sembra interessata a manifestarsi,
nel rogo che a quest'ora appiattisce anche il ronzio delle
zanzare: i ragazzi osservano la calma adagiata sullo specchio
d'acqua, i volti segnati—quasi—da una nostalgia adulta,
il segreto dice lo stesso ragazzo *è farle venire a galla:*
dalla tasca estrae un pezzo di pane, da cui stacca piccole
molliche che insaliva e getta, le rane, dai dorsi brillanti, si
tuffano e si concentrano bocca a bocca contro i tritoni
crestati dalla pancia gialla o arancione: è uno scherzo
tirarle via col retino: le bambine del paese sanno, per
esperienza, che non è opportuno avvicinarsi al laghetto,
nel mese di agosto, quando i cadaveri vivisezionati delle
rane stanno esposti, a testa in giù, alla cura delle mosche,
i ventri gonfi fino a scoppiare

KITANO'S FROG, A SPECIES ON THE VERGE OF EXTINCTION

in the long afternoons of summer eyes measure
the horizontal depth of the countryside, the rotation
of dead hours in which the sun sinks every false idea
of momentary freshness: with a rumble of laughter
still in the ears, the previous night, when you would make
a game of stamping out beams of light, along
the asphalt road that led to the cemetery: one of the boys
shirtless, suggests going to the lake to catch frogs:
and with what would you like to catch them? with your tongue?!
not even amphibious life seemed interested in showing itself,
in the pyre that at this hour flattens even the buzzing
of mosquitoes: the boys observe the calm laid on the mirror
of water, faces showing—almost—an adult nostalgia,
the secret says the same boy *is to make them come floating:*
from his pocket he pulls a piece of bread, from which he breaks off small
pieces that he wets and throws, the frogs, backs sparkling,
dive and gather mouthful by mouthful against crested salamanders
with bellies yellow or orange: it's a game
catching them with a net: the town children know,
by experience, that it isn't wise to go near the lake,
in the month of august, when the vivisected cadavers
of the frogs are exposed, in the care of flies,
sides swollen near bursting

MEGABOMBUS PENNSYLVANICUS

[a f. e l. levato]

pensava che una delle deformazioni che più odiava, in
certe persone, era il non portare a termine le cose: anche
questo pensiero venne inghiottito dal tonfo sordo della
neve, scivolata via da uno dei rami carichi, nella notte
fonda dell'illinois: chilometri di strade e quartieri e
abitazioni bianche, a tre piani, in legno, la neve che
riempiva ogni spazio illuminato dal taxì, che lo aveva
portato dall'aeroporto, guidato da un ventenne
pakistano che non sapeva bene dove andare: il lungo
corridoio univa, come una spina dorsale, il salotto alla
sala da pranzo, con tavolo scuro, massiccio, una cucina
con biscotti e piatti da lavare raccolti nel lavello, un album
di cartoline, fotografie e calamite sullo sportello
del frigorifero, una stanza a vetri dove fermentavano
piante e libri di poesia, una copia della chicago
review, dall'altra parte una sala elegantemente riscaldata,
un termosifone in ghisa, smaltato e decorato, alle pareti
alcune opere-insetto e collage in miniatura realizzati da lauren,
nel suo studio alla greenaway, una civetta o un allocco chiurlò
dal fondo di un bosco che non capiva quanto fosse distante,
una mattonella dagli angoli smussati riproduceva una specie
nord americana di imenottero, megabombus pennsylvanicus:
ali arancioni, sei zampe e due antenne, e dire che aveva fatto
scalo a philadelphia giusto poche ore prima, accumulando ore
di ritardo prima della riapertura delle piste: aveva sempre trovato
affascinante il suono dei nomi latini, applicato agli insetti,
alle piante, ed ora restava senza fiato di fronte ad una varietà
coniata in età moderna: si chiedeva come fosse crescere
nei prati della pennsylvania, lontano da città e sobborghi,

MEGABOMBUS PENNSYLVANICUS

[for f. and l. levato]

he was thinking that one of the defects most hated, in
certain people, was the inability to bring things to a close:
yet this thought came to be swallowed by the dull thud
of snow, fallen from one the full branches, in the middle
of an illinois night: kilometers of roads and neighborhoods and
white houses, three levels, made of wood, the snow that
filled every space illuminated by the taxi, that had brought him
from the airport, driven by a twenty-year-old
pakistani that didn't really know where to go: the long
corridor united, like a spinal cord, the dining room,
with dark table, heavy, a kitchen
with cookies and plates to be washed collected in the sink, an album
of postcards, photographs and magnets on the door
of the refrigerator, a sunroom where plants and poetry books
fermented, a copy of the chicago
review, on the other end a room lavishly heated,
a cast iron radiator, enameled and decorated, on the walls
some artwork—insect and collage miniatures created by lauren,
in her greenaway studio, a barn owl or tawny hoots
from deep in the woods who knows how distant,
a rough edged tile reproduced a species
of north american hymenoptera, megabombus pennsylvanicus:
orange wings, six legs and two antennae, and to think that he had made
the right flight change at philadelphia a few hours earlier, accumulating hours
of delay before the reopening of the runways: he had always found fascinating
the sound of latin names, applied to insects,
to plants, and now he remained breathless in front of a variety
coined in modern times: he wondered what it must have been like
  growing up

con le trecce di una bambina color grano, una pioggia
di efelidi attorno al naso, e la voglia irrefrenabile
di correre a mani aperte, nel vento caldo, che sale
dalla terra in un campo di girasoli, sotto il sole delle
due e mezza, il mese di luglio, e una gamba arrossata
dalla puntura di un bombo, in disaccordo, a quanto
pare, con i suoi progetti d'essere umano in agitazione

in the fields of pennsylvania, far from cities and suburbs,
with the grain colored braids of a child, a rain
of freckles around her nose, and an irrepressible desire
to run with open hands, in the hot wind, that rises
from the ground in a field of sunflowers, under the afternoon
sun, in the month of july, with a leg reddened
by bumblebee's sting, in disagreement, it would seem,
with the restless plans of human beings

TACITO ED I REDUCI DAL FRONTE IRACHENO

a central park un gruppo di ragazzi canta john lennon,
colano fuori ancora vive le parole di *imagine,* la gente
che si abbraccia urlandole con l' lacrime agli occhi, la
voce che alla fine resta un po+ lì, indecisa, il sangue
accelerato dalla recente elezione di un nero alla casa
bianca: a due 'assi da sha'espear' rose, da strawberry
fields, dal pezo d+asfalto su cui s+è spenta un+epoca:
di ritorno, sulla metro blu—linea c, verso brooklyn,
entra nel vagone un ragazzo ficcato a spalle curve in
una sedia a rotelle, scuote un bicchiere di cartone, da
caffè, monete che rintoccano in un be-bop metallico
che sa di morte, di rassegnazione: nessuno osa
guardarlo in faccia, eppure riconoscono la giacca
militare dei reduci dal fronte: due monete emesse dalle
mani di un grosso uomo nero che scuote la testa, alla
fermata di broadway il soldato spinge le ruote oltre il
bordo della porta, si blocca sulla banchina corrotto
dal dubbio diffuso di coloro che nello sguardo danno
per certo che al fronte non sia mai stato: mastica una
frase letta sul giornale pochi giorni prima: *avete fatto
un deserto e l'avete chiamato pace*

TACITUS AND SURVIVORS FROM THE IRAQI FRONT

in central park a group of kids sings john lennon,
they strain the still living words of *imagine,* people
hugging shout them out, tears in their eyes,
the voice at the end rests there a bit, hesitant, the blood
quickened by the recent election of an black man to the white
house: two blocks from shakespeare's rose, to strawberry
fields, to the piece of asphalt on which an epoch was extinguished:
returning, the metro blue line—route c, towards brooklyn,
a boy enters the car curved shoulders pushed into
a wheelchair, he shakes a paper coffee cup,
coins clattering in a metallic be-bop
that knows of death, of resignation: no one dares
look him in the face, even though they recognize the military
jacket of a survivor from the front: two coins emerge from
the hands of a large black man who shakes his head, at the
broadway stop the soldier pushes the wheels past
the edge of the door, freezes on the platform debased
by the doubt spread among those by whose look know
for certain that he was never at the front: he reflects upon
a phrase read in the newspaper a few days earlier: *you have made
a desert and called it peace*

LE OMBRE DI HART CRANE E ALTRE VISITE

quando vado al mare lancio uno sguardo in spiaggia,
alla ricerca di ragazzi che si gettano la sabbia in faccia,
schiamazzando come sterne e battendo i piedi sul
bagnasciuga, setacciando conchiglie bianche ed
evitando la profondità *crudele:* mi chiedi perché continuo
a tirarti in ballo nel mondo dei vivi: *lasciami andare,* mi
preghi talvolta nel sonno: sento che ti siedi a gambe
incrociate, ai piedi del letto, mi sussurri come un
mantra *lasciami andare,* non ti rispond', vorrei dirtelo
ma alla fine resto a bocca chiusa, e pensare che quando
c+é da dire qualcosa di troppo non manco mai: mi dici
che sei riuscito a farti dimenticare, che i tuoi libri nelle
biblioteche raccolgono polvere, che, probabilmente—non
ne sei sicuro al cento per cento—sono rimasto l'ultimo
dei tuoi ossessionati lettori: mi ricordi che se un poeta
desidera capire un pezzo, un piccolo frammento composto
del mondo in cui vive, è opportuno 'he intraprenda un viaggio
a piedi, taccuino alla mano, matita appuntata sopra
l+orecchio e temperino in tasca: attraversare la città, respirarla,
rovinarsi le suole delle scarpe, graffiare i muri della periferia
e gli intonaci degli edifici in centro, schivare le auto a clackson
spiegato, che sfrecciano, sui marciapiedi, e farsi travolgere dalle
scie di profumo che colorano le piazze pedonali: *butta giù* dici,
non restare come nei musei sotto una teca di vetro, esci in
strada, senti i corpi, senti le voci, litiga, sporcati e *lasciami*
andare

THE SHADOWS OF HART CRANE AND OTHER VISITORS

when I go to the sea I shoot a glance at the beach
in search of boys throwing sand in faces,
cackling like seabirds and stamping their feet on
beach towels, winnowing white seashells and
avoiding the cruel depths: you ask why i continue
to lead you in dance through the world of the living: *let me go,*
you beg sometimes while sleeping: i feel you sitting with legs
crossed, at the foot of the bed, whispering like
a mantra, *let me go,* i don't respond, i want to tell you
but in the end remain with mouth closed, thinking that when
there is something important to say i won't miss it: you tell me
you have succeeded in being forgotten, that your books
in the library collect dust, that, probably—you're not
a hundred percent sure—i remain the last
of your obsessed readers: you remind me that if a poet
wishes to understand something, a small fragment composed
of the world in which he lives, it's necessary to take a journey
on foot, notebook in hand, pencil sharpened over
ear and penknife in pocket: to traverse the city, breathe it,
ruin the soles of your shoes, scratching the walls of the periphery
and the plaster of buildings in the center, avoiding the cars with horns
blaring, that hurtle, over sidewalks, and overwhelm with
trails of smoke that color the pedestrian plazas: *swallow it* you say,
*don't hide under glass like a museum display, go out
in the street, feel the bodies, hear the voices, fight, get dirty and let me
go*

LE DUE TATUATE ALLA POSTA DI AVIGNONE

le hanno abbandonate sulla terraferma, nel tratto di
polveri e pollini che ricoprono la provenza, abbastanza
distanti dal mare da dimenticarne i cambi repentini di
luce, ma non troppo da non sentirne il respiro, il raglio:
due vecchie pescatrici di marsiglia, che hanno fatto la
vita di mare scavando via i muscoli, pregando dio
quando era il tempo di pregarlo, nascondendolo
quando era tempo d'altro: una di loro, i capelli
raccolti e rinsecchiti in una fascia d'alghe, appuntati
da ami arrugginiti, sta come una lingua di pesce
sulla sedia a rotelle, aprendo la bocca con il minor
sforzo possibile ogni qual volta l'altra, ora seduta su
una sedia in plastica in usufrutto dal bar accanto,
ora appoggiata al muro discutendo con uno dei
mariti infedeli che la contendono ai bicchieri di vino
rosso, la interroga, o si getta in uno dei suoi
pensati e articolati pensieri: *che pensate che fai,*
le dice, *tu sì che hai un cervello,* e poi, rivolgendosi
al primo che passa, *dovevano prenderla alla nasa,*
quelli là: la voglia di corrida che si moltiplica
nel sangue, a coltelli, a arpioni, a fiocine, la fede in
lettere e disegni tatuati sulle braccia, nomi di uomini
a cui offrire il fiore degli anni, quando tutto
sembrava ancora possibile e l'istinto dominava
la ragione, e i consigli delle madri: *avremmo dovuto*
dare più retta, ripetono quando raccontano ciò che è
stato a chi, di quelle storie, ha bisogno per pensare
che al mondo succedono anche cose del genere:
un largo cuore spezzato, un polpo dei mari del sud,
una sirena maligna, una coppia di granchi che si
stringe le chele: il sole che ristagna, a forma di x, e sa

TATTOOED WOMEN AT THE AVIGNONE POST OFFICE

they were abandoned on dry land, in the expanse of
dust and pollen covering the province, far enough
from the sea to forget the sudden change of
light, but not so far so as to not feel its breath, its call:
two old fisherwomen from marseilles, that made a
living from the sea digging muscles, praying to god
when it was time to pray to him, hiding him
during other times: one of them, hair
gathered and shriveled in a band of algae, pinned
with rusted fish hooks, as if speaking the language of fish
from a wheelchair, opening her mouth with the least
effort possible every now and then, now seated on
a plastic chair enjoying the advantages of a nearby bar,
now leaning on the wall talking with one of
the unfaithful husbands arguing over a glass of red
wine, he questions her, or throws her into one of his
planned and articulated thoughts: *what do you think you're doing*
he says to her, *yes you can see you have a brain,* and then, turning
to the first person that passes, *they should take her by the nose,
that one:* the longing for a bullfight builds
in the blood, for knives, for hooks, for harpoons, the faith in
letters and symbols tattooed on your arms, the names of men
to which were offered the flower of youth, when all
seemed still possible and instinct dominated
reason, and the advice of mothers: *we should have
listened more,* they repeat when recounting what
happened and to whom, those stories, to think that you need
things like that to happen in the world:
a large broken heart, an octopus of the southern seas,
a mischievous siren, a pair of crabs with
pincers entwined: the languishing sun, in the form of an x, knows

depositarsi sulla pelle bruciata dal lavoro in acqua,
mineralizzata: i turisti si confondono, gli sguardi
sciaccati da queste donne che dovrebbero stare altrove,
ben lontane dal centro di una città così bella, le vie strette,
il palazzo dei papi a poche bracciate, e non certo fuori
dall'entrata della posta, accanto al mercato dei fiori
e della verdura: non a maledire sarkozy, non a ridere
mostrando i buchi al posto dei denti di un vecchio amore
in linguadoca, non a sputare sull'asfalto il rancore
racimolato, in schegge, nei polmoni: notre-dame de la
garde ha smesso di posare gli occhi, da questa parte

how to settle on skin burnt from working in water,
mineralized: the tourists are confused, their expressions
shocked by that woman who should be elsewhere,
well away from the center of such a beautiful city, the narrow streets,
the palazzo dei papi a few steps away, and certainly not outside
the entrance of the post office, next to the flower
and vegetable market: not cursing sarkozy, not laughing
showing holes in place of teeth about an old love
in languedoc, not spitting on the asphalt built up
resentment, in splinters, in lung tissue: notre-dame de la
garde no longer lays its eyes in this direction

SAN FRANCESCO A OXFORD STREET

[a michael landy]

nel mucchio esiste sempre qualche cucciolo che si distingu',
che non accetta di seguire il branco, sopravvivere può
significare mimetizzarsi: c+é chi ha contato da uno a sette
mila due cento venti sette: bisogna pur ammettere di essere
bastian contrari, a invertire la logica matematica, aggiungere
per accumulare—quasi—mai per sottrarre: e svegliarsi una
mattina del duemilaeuno, lavarsi la faccia, asciugarsi, fissarsi
allo specchio, battersi le guance, uscire per andare in un
supermercato a oxford street e dare via tutto: certificato
di nascita, passaporto, chiavi di casa, automobile, opere
d'arte: azzerare il precipizio del tempo, implodere le
equazioni complesse dell'economia finanziaria nella
spremuta economia animale, tentare la strada della libertà
nell'anonimato, frangere lo specchio e smettere di riflettere
qualsiasi immagine, ascoltare il corpo respirare e smetterla
di rispondere alla pressione della mancanza di:
lasciare senza lavoro avvocati e banchieri, ritornare alle
mani dipinte sulle pareti di una caverna, anche se gli uccelli,
probabilmente, non sembrano intenzionati a dialogare

SAINT FRANCIS AT OXFORD STREET

[to michael landy]

in the litter there is always some cub that distinguishes itself,
that doesn't accept following the pack, survival can
mean camouflaging yourself: there are those who have counted from one
    to seven
thousand two hundred twenty seven: you need only admit to being
a bastion of contrariness, to invert mathematical logic, add
to accumulate—almost—never to subtract: and wake yourself one
morning in two thousand one, wash your face, dry yourself, look
in the mirror, slap cheeks, leave to go to a
supermarket on oxford street and give away everything: birth
certificate, passport, house keys, car, works
of art: resetting the precipice of time, imploding
the complex equations of financial economics in the
bestial economic stew, attempt the road of anonymous
freedom, breaking the mirror into pieces and stopping it from reflecting
any image, listening to the body breathe and stop
responding to the pressure of the absence of:
letting go the work of lawyers and bankers, returning to
hands painted on the walls of caverns, even if the birds,
probably, don't seem intent on dialogue

LO SCIOGLIMENTO DEI GHIACCI SECONDO IRENE JACOB

[rivedendo *film rosso* di kieslowski
alle quattro di notte, ovviamente]

vede il suo volto riflesso nel vetro della finestra:
appare intoccabile, quasi che il sangue scorresse
in trasparenza, lungo le vene porose: irene jacob
strozzata nel manifesto rosso, e poi diffusa nella
luce di un tramonto, fra scaffali, polvere, libri di
diritto penale: *non ho più niente da dare* dice,
senz'occhi, *sono un sopravvissuto, sento la data
di scadenza*—le lancette scattare, senza rallentare:
vogliamo sempre che il tempo rallenti, le sorride,
il suo viso si chiude e si riapre come un clamide
nel vento, le dita delle sue mani, percorrono la
stagione delle piogge, fiocinano i pensieri, che
respirano, gonfi, sulla fronte: posa le labbra su un
occhio che sgela quel che resta dei ghiacci del
polo nord, una lacrima spiomba giù, fino al
gomito estremo della bocca dove la lingua assaggia
il salato: la parola *pietà* non sempre coincide con
compassione: resta lì a guardarlo, un terzo dei suoi
anni sotto la stoffa della camicia, a riquadri scozzesi,
le unghie laccate di fresco, limate, poche ore fa

THE MELTING OF ICE BY IRENE JACOB

[reviewing the film *red* by kieslowski
at four in the morning, obviously]

she sees her face reflected in the glass of the window:
appearing untouchable, almost as if the blood runs
transparently, along porous veins: irene jacob
strangled in the red manifesto, and then spread
in the light of sunset, among bookshelves, dust, volumes
of criminal law: *i don't have anything more to give* she says,
without eyes, *i am a survivor, i feel
my expiration date*—the clock hands spin, without relenting:
we always want time to slow, she smiles,
her face closes then opens like a chlamys
in the wind, the fingers of her hands, pass through
the season of rain, harpooning thoughts,
that breathe, swollen, on the forehead: she rests her lips
on an eye that thaws whatever remains of the
north pole's ice, a tear slides down,
to the outer edge of the mouth where the tongue tastes
salt: the word *pity* does not always coincide
with *compassion:* it remains there looking, a third of her
years under the material of her shirt, a scottish portrait,
fingernails freshly painted, filed, a few hours ago

AUTORITRATTO AGRESTE

la trama a nido d'ape del colletto si sperde in pungiglioni
conficcati nella gorgiera in fiori di camomilla, nidi di
rondine nell'incavo oculare, con i piccoli che sbeccano
fuori attendendo il ritorno dei genitori, spighe di grano
in maturazione oscillano al transitare dello zefiro,
mentre una famiglia di gasteropodi se ne sta sospetta,
nel golfo di radice, le antenne vibranti, i carapaci
verdastri, le chele rosse aperte e alla vista di una nuova
incauta preda: un cuculo sfiata nel nido a destra, scalcia
fuori una delle uova e lascia il suo, volando via senza mai
guardare indietro: lunghe catene di formiche soldato
entrano da un orecchio cariche di provviste e escono
dall'altro, per ritornare a dare ordine al paesaggio:
la convivenza regge fino a che le specie fanno quello
che devono fare e non incominciano a riflettere

RUSTIC SELF-PORTRAIT

the weave of the honeycombed collar you lose to stings
thrust into the throat piece of chamomile flowers, nests of
of barn swallows in the ocular cavity, with hatchlings that poke
out waiting for the return of their parents, ears of wheat
in maturation oscillate in the passing breeze,
while a family of gastropods lie suspect,
in the gulf of roots, antennae vibrating, greenish
shells, the red pincers open in sight of new
unwary prey: a cuckoo exhales in the nest to the right, kicks
out one the eggs and leaves its own, flying away without ever
looking back: long chains of soldier ants
enter from an ear full of provisions and exit
from the other, in order to return to give orders to the countryside:
coexistence holds as long as species do what
they must without beginning to reflect

L' PARTITA DI CALCIO LA DOMENICA 'ATTINA

se qualcuno si fosse svegliato, la mattina,
con l+idea provocatoria di affermare che l+umanità
avrebbe avuto, prima o poi, l'occasione di salvare
il pianete e la propria stirpe, di certo avrebbe cambiato
opinione, venendo ad assistere allo spettacolo dei padri,
la domenica mattina, durante la partita di calcio:
la quantità di santi spodestati, di insulti, bestemmie,
e promesse di calci nel culo ai figli: un'idea certo
di massacro universale, di sterminio: e che dire
della sorte segnata per intere generazioni dell'arbitro,
della sua famiglia, delle famiglie delle spose dei suoi
figli, la contaminazione dell'intero albero
genealogico: nessuna pietà, nessuna salvezza:
nemmeno il papa in persona avrebbe potuto tanto:
strana sorte per un popolo di precisi frequentatori
di chiesa, capaci di trascinare anche il cane a
vedere l' messa del sabato pomeriggio, a sederlo
come un cristiano sul poggiapiedi, congiungendo
le zampe: l+unica eventuale possibilità stava nel
vincere dieci a zero, fratturando le tibie ad almeno
due terzini: un antropologo aveva rilevato, in questi
rari—va pur detto—casi, una netta diminuzione
degli sputi sul prato: i cattolici ferventi, baciapile
sono i peccatori più esperti

THE SOCCER MATCH ON SUNDAY MORNING

if someone woke, one morning,
with the provocative idea of affirming that humanity
would have had, sooner or later, the occasion to save
the planet and their own kind, certainly they would have changed
their opinion, coming to assist in the spectacle of their fathers,
sunday morning, during the soccer match:
the quantity of dispossessed saints, of insults, of cursing,
and promises of kicks in the ass to their children: a certain idea
of universal massacre, of extermination: and to speak
of the fates marked for entire generations of referees,
of their families, of the families of their spouses of their
children, the contamination of the entire family
tree: no pity, no salvation:
not even the pope himself could have done much:
a strange fate for a populace of rigorous church-goers,
capable of dragging even the dog to
saturday afternoon mass, seating him
like a christian on the footrest, crossing
his paws: the only eventual possibility was in
winning ten to zero, fracturing the tibias of at least
two fullbacks: an anthropologist would have revealed, in these
rare—it goes without saying—cases, a net reduction
of spitting on the lawn: devout catholics, bootlickers
are the sinners most adept

UNA GARA PODISTICA NEI GIORNI DEL GIRO D'ITALIA

saette vibranti di colore si intrecciano in un
tessuto alla missoni, rossi e verdi, arancioni e beije,
cobalto e lavagna, gialli e rosa sfilano via negli
ingranaggi del rumore elastico di catene e ruote:
si incitano a vicenda, parole non più lunghe di tre
lettere, sottratte al sudore, allo sguardo sfottente
dei vigili che con scarsa convinzione agitano
le palette: due signore si guardano e dicono
all'unisono: *tutto qua . . . ?* oggi scarseggia la dignità:
sarebbero da prendere a schiaffi certe facce
che ci provano ad essere rassicuranti, fiduciose,
il partito della famiglia, il partito del lavoro,
il partito della gente, il partito della libertà,
più centro al centro, più centro nel centrodestra,
più sinistra a destra, più destra della destra:
alla fine si passa a raccattare, ai bordi della strada,
fra gli occhi di madonna e la camomilla selvatica,
rotule, menischi, protesi, occhi di vetro e dentiere

A TRACK MEET DURING THE GIRO D'ITALIA

arrows of vibrant color entwine in
a tapestry at the mission, red and green, orange and beige,
cobalt and lavender, yellow and pink unthread in the
gears of the elastic sound of chains and wheels:
they cheer one another on, words no longer than three
letters, subtracted from sweat, from the taunting glare
of the firemen who with little conviction shake
their shovels: two women look at them and say
in unison: *even here* . . . ? dignity is so scarce today:
certain faces should be slapped
those that try to be reassuring, trustworthy,
the party of the family, the party of labor,
the party of the people, the party of liberty,
more center than the center, more center than the center-right,
more left than right, more right than right:
in the end you go gathering, at the edge of the street,
under the eyes of the madonna and wild chamomile,
kneecaps, meniscuses, prosthetics, glass eyes and dentures

FRANCOBOLLI RARI

e gli impiegati
alla posta staccano francobolli rari dai
pacchi e li rubano per le raccolte dei figli
— william carlos williams

aveva paura di frantumare il bordo fustellato, un vecchio
esemplare dei primi del novecento, azzurro, con la testa
di un re d'italia, un savoia con barba appiccicato di profilo:
aveva letto, in un catalogo che aveva portato a casa lo zio,
che era una rarità, valeva più di trecento euro, pensava
a quante cose avrebbe potuto comprare: la vacanza estiva
si avvicinava e iniziava a pensarci: forse il gran paradiso,
forse il parc animalier d'introd, in valle d'aosta: camosci,
marmotte, rapaci, caprioli, cinghiali, cervi, stambecchi,
lepri, anfibi, pesci: tutto improvvisamente a portata di
mano: e non vedeva l'ora di ritrovarsi, da solo, nei suoi
scarponi, a bordo di un ruscello, su una grossa pietra,
sentendosi un intruso nel quadro dipinto dalla mano del
signore: due settimane con gli scout, due settimane lontane
da casa, a sfregarsi le mani appena alzati dalle tende, con
il sole ancora dietro la cima delle alpi, a oriente, e quell'odore
senza definizione che penetra voracemente nelle narici:
che conquista le scapole e le ossa più interne: eppure, ora,
le sue mani erano posate sulla pagina dell'album di
francobolli, con le finestrelle in plastica trasparente, la
colla che si sperde sull'angolo: francobolli di animali
dalla svizzera e dal malawi, un francobollo arancione
dall'indocina, quando quella parte d'asia parlava ancora
malvolentieri francese, con un carro armato al centro:
l'estinta repubblica popolare cinese di mao, ovviamente
rosso e grigio: una foglia d'acero verde dal canada: e le
dita che non riescono a stare dietro ai desideri degli occhi

RARE STAMPS

and clerks
in the post office ungum rare stamps from
his packages and steal them for their children's albums
— william carlos williams

he was afraid of tearing the punch drilled border, an old
example of the early nineteen hundreds, blue, with the head
of an italian king, a savoy, with a beard stuck to his profile:
he had read, in a catalogue that his uncle brought home,
that it was rare, worth more than three hundred euros, he thought
about how many things he could buy: summer vacation
was nearing and he began to think about it: maybe the gran paradiso,
maybe parc animalier d'introid, in valle d'aosta: chamois,
marmots, birds of prey, goats, wild boar, deer, ibexes,
wild hare, amphibians, fish: all suddenly brought
within reach: and he couldn't wait to find himself, alone, in his
hiking boots, at the edge of a stream, on a large rock,
feeling himself an intruder in a landscape painted by the hand
of god: two weeks with the scouts, two weeks far
from home, rubbing his hands upon waking in the tent, with
the sun still behind the peaks of the alps, to the east, and that scent
without definition that voraciously penetrates the nostrils:
that conquers the shoulder blades and the bones most internal: even, now,
his hands were resting on the page of the stamp album,
with its little transparent plastic windows, the
glue smeared at the corner: stamps of animals
from switzerland and from malawi, an orange stamp
from indochina, when that part of asia still spoke french
against their will, with a tank at the center:
the extinguished chinese republic of mao, obviously
red and gray: a green maple leaf from canada: and
fingers that couldn't manage to get behind the desire in his eyes

L'ACCORTO RESPIRO DELLA NATURA

esiste una settimana, in maggio, in cui le acacie
decidono di fiorire, di adornare in un canto
gregoriano le rive del sangone, che fluisce
libero lungo l'inizio di pianura, ai margini
della vita abitata, fra stradine ciclabili e
distretti industriali: esiste una settimana,
in maggio, in cui le acacie spremono un odore
dolciastro nell'aria, inebriando gli anziani
raccolti all'ombra, attorno a tavole d'abete
grezzo, a parlare del pudore della loro
gioventù, quando ci si incontrava nelle cucine,
con le nonne a vigilare lo sguardo, a setacciare
le parole, le intenzioni, a colorare di nero le
copertine delle riviste in abbonamento, ogni
accenno di nudità castigata: esiste una settimana,
in maggio, in cui le acacie osservano il radunarsi di
trecce di semi di soffione, lungo le stradine, accanto
al fiume, con bambini che per scherzo si soffiano
i fiori in faccia, ridendo e sputando ciò che è
entrato in bocca: su un tronco bianco di pioppo, o
di betulla, un picchio nero rintocca, e a breve
distanza, in cima alla collina, risponde un torcicollo:
esiste una settimana, in maggio, in cui i grilli
e le cicale iniziano a frinire, eseguendo gli
spartiti tradizionali ma senza il vigore dei parenti
della costa calabrese, pugliese o sarda: ma un
campo oltre, fra le piantine d'orzo che iniziano
a crescere, a mostrare i grani formati ma immaturi,
le cicale si esibiscono in assoli più marcati:
la concorrenza rafforza il vigore della specie

NATURE'S SHARP BREATH

there is a week, in may, in which the acacias
decide to flower, to adorn in gregorian
chant the shores of the sangone, flowing
freely along the edge of the plain, at the margins
of inhabited life, between bicycle paths and
industrial zones: there is a week,
in may, in which the acacias fill the air with a sweetish
scent, intoxicating the elderly
collected in shadow, around rough hewn cedar
tables, talking about the discretions of their
youth, when they would meet in kitchens,
under the guard of their grandmother's stare, sifting
words, intentions, coloring black
the covers of magazines, any
hint of nudity censured: there is a week
in may, in which the acacias observe the gathering of
braided dandelion seeds, along the roads, next
to the river, with children at play blowing
the flowers in their faces, laughing and spitting what
gets in their mouths: on a white poplar trunk, or
birch, a black woodpecker knocks, and from a short
distance, at the top of the hill, a wryneck responds:
there is a week, in may, in which the crickets
and cicadas begin to trill, performing
traditional music but without the fire of their relatives
on the coasts of calabria, puglia or sardinia: but
in field far off, between the barley seedlings beginning
to grow, to present kernels formed but immature,
the cicadas perform more distinct solos:
this competition strengthening the vigor of the species

L'AIRONE CENERINO TRASPORTATO DAL GRECALE

un capello grigio fluttua posandosi nelle tue mani:
il sole balugina, riflette nelle pozze d'acqua piovana
raccolte nei portavasi, terrazzi e ringhiere: porti
fuori la boccia di vetro con il pesce rosso che
abbiamo preso ieri sera alle giostre: ha una grossa
macchia grigio-bianca sul dorso che si plasma a
pinna dorsale: posi un dito sulla superficie
deformante del vetro: il pesce boccheggiante si
avvicina, e ti insegue senza sapere che sei un
essere umano di sesso femminile che sta seduta
sul balcone, a casa propria, davanti ad una boccia
di vetro con dentro acqua e un pesce rosso,
vinto la sera prima alle giostre: cosa farebbe
il pesce se capisse di essere quel che è, un pesce
rosso in una boccia di vetro vinto per caso alla
lotteria delle giostre: di essere un essere vivente
che arreda l'appartamento di un essere vivente
che sta distruggendo una volta per tutta l'intero
pianeta: di essere un essere vivente che vive
soltanto per riempire un vuoto fisico, una serie
invisibile di vuoti mentali e spirituali: cosa
farebbe se capisse la sua reale situazione, se invece
di vivere del punto di vista di un pesce rosso
allargasse lo sguardo ad una scala più ampia:
forse si suiciderebbe, ipotizzi: restiamo a
fissarlo per diversi minuti: poi, sospeso da una
folata di grecale, plana sul nostro balcone un airone
cenerino, in visita dalle risaie vercellesi che in questo
periodo non garantiscono pesce e insetti ai membri
della specie: con cautela si avvicina, avanza a scatti:
lo saluti: il becco spira il pesce dall'acqua e spicca
il volo: il nostro pesce sta imparando a volare

ASH GRAY HERON CARRIED ON MEDITERRANEAN CURRENTS

a single gray hair wavers coming to rest in your hand:
the sun flickers, reflected in the pools of rainwater
collected in hanging vases, terraces and railings: you bring
out the fishbowl with the goldfish
we won last night at the fair: it has a large
gray-white spot on its back that forms to
its dorsal fin: you press a finger to the surface
deformed by the glass: gulping the fish
nears, and follows you without knowing that it's
a human being of the feminine sex that sits
on the balcony, of her house, in front of a bowl
of glass with water inside and a goldfish,
won the night before at the fair: what would the fish do
if it understood what it was, a goldfish
in a glass bowl won by chance in a
drawing at the fair: to be a living being
decorating the apartment of another living being
that is destroying the planet once and for all:
to be a living being that lives
only to fill a physical emptiness, an invisible
series of mental and spiritual voids: what
would it do if it understood the real situation, if instead
of living from the goldfish's point of view
it would widen its vision to a larger scale:
maybe it would kill itself, you say: we remain
looking at it for several minutes: then, suspended
in a current of wind, an ash gray heron glides onto our balcony,
in view of the risaie vercellesi which in this
period doesn't guarantee fish and insects to members
of its species: it approaches with caution, advancing in bounds:
you salute it: its beak snatches the fish from the water and it takes
flight: our fish is learning how to fly

from

L'UOMO RADICE

*

THE ROOT MAN

LA VOLPE ROSSA

Alcuni gemiti hanno destato la materia assopita nel buio della notte alpina,
angoli acuti si sono appoggiati l'uno contro gli altri fino a raggiungere
queste orecchie mai troppo disposte alla confessione: un ultimo guaito
ha venato il vuoto compatto che orla le stanze, i piedi, scalzi, poggiano
sul marmo infreddolito, per rincorrersi in un eco di passi coniugati
al tempo imperfetto: la luce nello sgabuzzino dove stanno le ciotole pe'

i gatti, quella rossa per l'acqua, una seconda rossa per l'umido, una doppia
blu per i bocconcini, e l'ultima, ancor' rossa, più fonda, per i croccantini:
una lingua alveare aveva spazzato ogni superficie, prosciugando anche
l+acqua: un gatto, il più giovane e curioso, pronto a leccare qualsiasi
quadrupede gli passasse sotto i baffi, era nascosto nella scatola di cartone
poggiata sulla panca, il muro di fronte all'ingresso dello sgabuzzino,

fra l'ingresso del bagno e della camera: ora tirava fuori le orecchie,
dalla scatola, e poi gli occhi, sparati: un pelo rosso, sfuggito per caso,
segnalava quel che il dubbio aveva scavato, giorno dopo giorno, episodio
dopo episodio, settimana dopo settimana: delle volpi, in queste valli,
si conoscono soltanto le code, intraviste furtivamente la notte a lato
di qualche strade dai fari delle automobili: ogni tanto qualche gallina

viene ritrovata morta e predata, ai piedi di una staccionata o di una rete
metallica, di quelle verdi, smaltate: due anni fa una se ne stava spezzata,
disossigenata, allo sguardo mattiniero degli abitanti che transitavano
sui trattori e sui camioncini, a lato della provinciale che fluttua accanto
al torrente, sotto i serbatoi sospesi nelle torri di cemento degli acquedotti,
per sfumare in pianura nel ventre dei piccoli paesi che si disperdono verso

THE RED FOX

Small groans awakened the fabric of sleep in the dark of an alpine night,
sharp angles leaned one against another until reaching
these ears never too disposed to confession: one last bark
veined the compact emptiness that hems the rooms, feet, bare, poised
on cold marble, to run in an echo of footsteps coupled
in imperfect time: the light in the cupboard where the bowls are for

the cats, a red one for water, a second for wet food, a double
blue for treats, and the last, again red, deeper, for dry food:
a honeycombed tongue had cleared each surface, draining even
the water: a cat, the youngest and most curious, ready to lick any
quadruped that passes under its whiskers, was hidden in the cardboard box
resting on the bench, the wall in front of the entrance to the cupboard,

between the doorways of the bathroom and the bedroom: and now ears
    poke out,
of the box, and then eyes, darting: a red pelt, slips out by chance,
confirming what doubt had buried, day after day, episode
after episode, week after week: of foxes, in these valleys,
only their tails are known, glimpsed furtively at night on the side
of some road in the car's headlights: every now and then some chicken

is found dead and eaten, at the foot of a picket fence or a metal one,
that green kind, enameled: two years ago one was killed,
bleached, under the morning watch of workers traveling
in tractors and trucks, at the side of the county road that flows next
to the river, under the tanks suspended in the cement towers of water
    reservoirs,
fading into the plain in the bowels of small towns spread towards

la grande città: probabilmente hanno smesso di mostrarsi, agli occhi
degli uomini, al tempo in cui si è perso ogni scrupolo, agli esordi dell'era
industriale, quando dietro il pretesto dell'ignoranza si vuotavano metalli
pesanti e residui nei corsi d'acqua, nei laghi, si ammucchiavano fusti
radioattivi sotto terra: vestiti nuovi, più eleganti, rigorosi, da indossare
a pelo, per l'uomo nuovo, di materiali raffinati, leggeri e compatti:

si consumavano gli ultimi inverni spaccando il pane vecchio con l'ascia,
o lasciando sui tetti, nel metro di neve, i corpi dei morti, aspettando
il disgelo della primavera: le volpi saettavano libere sotto il sole e le nuvole

the city: they probably stopped showing themselves, to the eyes
of men, in that time of lost scruples, at the dawn of the industrial
age, when behind the pretext of ignorance they emptied heavy
metals and residue into waterways, in lakes, they heaped radioactive
rods underground: new clothing, more elegant, precise, wearing
leather, for the new man, of refined materials, light and compact:

they consumed the last of winter splitting old bread with an axe,
or leaving on the rooftops, in a meter of snow, the bodies of the dead, waiting
for spring's thaw: foxes ran free under the sun and clouds

IL SAN SEBASTIANO DI PIOSSASCO

Si possono gettare soltanto le pigne raccolte a terra: staccarle
dai rami di un pino e gettarle è un sacrilegio, e la resina che
si tinge sulle dita lo verifica: da quassù si vede la pianura
che sfuma a oriente nella vestaglia di smog che nasconde
Torino, le colline di Pino in cima alla quale punteggia
la basilica di Superga, le ciminiere di Leroy Merlin a
Moncalieri, gli stabilimenti Iveco e Fiat di Rivalta,
la grande torre ciminiera a bande orizzontali rosse e
bianche che spunta nelle foto dei rurali, strappi di campi
coltivati a mais e grano a Rivalta e Piossasco, sputando
fumi nelle ore notturne quando gli occhi in circolazioni
scemano sotto'la proporzione necessaria per non
suscitare il sospetto che l'inquinamento notturno non sia
da meno di quello diurno: c+è chi sussurra che queste terre
di mezzo ricordino le campagne inglesi degli lp dei Pink
Floyd: traffico che formicola lungo la provinciale che
svolta a sud nel pinerolese, a quest'ora intriso di nebbia
che il sole invernale strappa alla nuda terra, segnando
il profilo delle alpi e la vetta spigolata del Monviso:
un caccia militare trancia il cielo pulito dal respiro
dell'alta pressione, l'intrusione gratta via qualche cono
da un cedro ai piedi della chiesetta ad una navata, San
Valeriano Martire: lo spiazzo ai piedi della breve
scalinata, sedici passi, accoglie le scarpe da montagna
come le scarpacce smacchiate da ginnastica: non
sarebbe spregevole sapere, in un futuro qualsiasi,
che le proprie ceneri possano giacere qui, in questo
punto, dove ogni San Sebastiano smette di sanguinare:
C'è chi è interessato e chi no ai peccati altrui

SAINT SEBASTIAN OF PIOSSASCO

You can only throw away pine nuts gathered from the ground: pulling them
from the branches and wasting them is sacrilegious, and the resin that
stains your fingers is testament to this: from up high you can see the plains
that fade to the east blanketed in a smog that conceals
Turin, the crest of the Pino hills punctuated
by the basilica of Superga, the chimneys of Leroy Merlin at
Moncalieri, the Iveco and Fiat factories of Rivalta,
the great smokestacks striped horizontally with red and
white sprouting from rural photographs, patches of farm
fields of corn and wheat at Rivalta and Piossasco, spitting
smoke in the darkest hours when the eyes of those about
wane in proportion to the necessity of not
arousing suspicion that nocturnal pollution would be
no worse than that in full daylight: there are those who whisper that these middle
earths recall the English countryside in Pink Floyd albums:
traffic swarming along the county road that
unwinds to the south of the Pinerolese, at this hour saturated with fog
that the winter sun shreds to bare ground, marking
the profile of the Alps and the isolated peak of Monviso:
a fighter jet splits the clear sky with a burst
of high pressure, the intrusion tears loose some cedar
cones at the foot of a gothic church, Saint
Valeriano the Martyr: the clearing at the foot of a short
staircase, sixteen steps, welcomes hiking boots
as well as spotless gym shoes:
it wouldn't be so terrible knowing, that in some distant future,
my ashes could rest here, on this spot
where every Saint Sebastian stops bleeding:
There are those that are interested and those that are not in the sins of others

PREPARAZIONI GALENICHE E OFFICINALI

Finalmente Hans aveva i piedi pi'ntati'nella terra di una tribù di indiani
americani, gli indiani veri, quelli che hanno fatto la guerra all'uomo
bianco, all+europeo, l+uomo-kalì di Leonardo che se in una mano tiene
un pennello e nell'altra un lapis, nelle altre due tiene un coltello e
un fucile: Hans guardava quei monti che questi indiani veneravano,
un tomahok per tur'sti fissava con sg'ardo di plastica una pineta
sfiorata dalla tragedia, si avvicina al tronco, sui quali passa il palmo
di una mano: l+odore di resino a quest+ora e in questa stagione è intenso,
inconfondibile: quanti strati saranno sporchi di sangue, sangue di
indiano d'America: una piccola capanna conteneva un uomo seduto
su uno sgabello, certamente scomodo, una radiolina a batterie
trasmetteva le note di una canzone dalla vicina stazione della riserva,
uno degli ultimi traguardi della frontiera indiana: l'uomo era indiano,
o quantomeno mostrava tutti i segni per esserlo: una giacca con le
stringe di cuoio, una cappello indiano, una piuma di falco, orecchini
con coda di pernice, ciondoli e braccialetti, la pelle rossa e lo sguardo
da lupo: l'uomo non era incline alla conversazione: *Mi servirebbe
una mappa della zona,* chiese Hans: l'indiano alza gli occhi e lo
fissa come se qualcuno gli avesse chiesto la differenza fra un pollo
e un tacchino: *Qua non abbiamo altro:* la costruzione serviva in effetti
per dare indicazioni, pile di mappe ancora incellofanate farcivano
lo spazio dietro lo sgabello, una era aperta e appiccicata con puntine
alla parete accanto all'uomo: Hans ne prese una, anzi due, la seconda
l'avrebbe tenuta nel quaderno con gli appunti di viaggio: pensava
che una volta tornato nella sua valle, ai piedi della Alpi, avrebbe
provato grande piacere, un giorno, riassettando i libri e le cose in
casa, imbattendosi in una cartina di questa riserva indiana alle
pendici delle montagne rocciose: l'indiano americano amava la birra,
con la coda dell'occhio Hans vide un cestino carico di bottiglie
vuote, accenti di smeraldo, una stava mezza bevuta sul ripiano
accanto ai gomi'i: il colore degli occhi suggeriva qualche disturbo

GALENICAL AND MEDICINAL PREPARATIONS

Finally Hans had his feet planted in the earth of an American
Indian tribe, real Indians, those who had warred against the white
man, against the Europeans, the Kali-man of Leonardo holding in one hand
a brush and in the other a pencil, in the other two a knife
and a rifle: Hans looked at the mountains venerated by these Indians,
a tomahawk for tourists fixed its plastic gaze on a pine forest
touched by tragedy, he approaches the trunk, over which he passes the palm
of his hand: the smell of resin at this hour in this season is intense,
unmistakable: how many layers were sullied with blood, blood of
the American Indian: a little hut held a man seated
on a stool, certainly uncomfortable, a battery powered transistor radio
transmitted the notes of a song from the reserve's nearby station,
one of the last outposts of the Indian frontier: the man was an Indian,
or at least displayed all the signs of being one: a jacket with
rawhide fringe, an Indian hat, a falcon feather, earrings made
of partridge tail feathers, bangles and bracelets, red skin and the look
of a wolf: the man wasn't inclined to conversation: *I'm looking for
a map of the area,* Hans asked: the Indian raised his eyes and
stared at him as if someone had asked the difference between a chicken
and a turkey: *We don't have anything else here:* the arrangement in effect served
as indication, piles of maps still wrapped in cellophane filled
the space behind the stool, one was open and stuck with pins
to the wall next to the man: Hans took one, actually two, the second
he would keep in his travel notebook: he thought
that once he returned to his valley, at the foot of the Alps, it would
provoke such pleasure, one day, reorganizing books and things in
the house, happening upon a map of this Indian reserve on the
slopes of the Rocky Mountains: the American Indian loved beer,
from the corner of his eye Hans saw a waste basket filled with empty
bottles, emerald accents, one sat half drunk on a shelf
next to the tires: the color of his eyes suggested some disturbance

al fegato: *Buona giornata,* salutò Hans andandosene con il suo zaino di nuovo sulle spalle: l+indiano lo fissò per un attimo e disse: *Bisogna diffidare da quello che sembra vero ma non lo è*

of the liver: *Good day,* waived Hans leaving with his
backpack again on his shoulder: the Indian looks at him for a second
and says:
You shouldn't trust what seems true but isn't

from

HISTORIAS DE MALO AMOR

PARLANDO DI VIAGGI ALL'ESTERO A FINE NOVEMBRE

Anche quest'anno, a fine novembre, mi dici la stessa cosa:
l'anno prossimo voglio andare in vacanza! Le luci della notte
alle cinque del pomeriggio ti dipingono come un arlecchino
malinconico, imbronciato, a pugni stretti: *Che poi ti inventi
di sicuro qualcosa che ci obbliga a restare a casa!* Vorrei
protestare, dirti di smetterla, di farla finita che hai già stufato,

che lamentarsi non serve a niente ma non lo faccio, sto zitto,
ascolto il tuo niente sospeso, forse mugugno un po', per pochi
attimi, ma poi tengo la bocca chiusa: *e dove vorresti andare?
Ai castelli della Loria,* mi dici, mentre quattro ragazzi in auto,
probabilmente usciti dallo stadio dopo la partita di calcio,
ci fareggiano, scambiando il traffico su corso Unione per

la pista di Le Mans: *o a Berlino* aggiungi: dopo un po' ti
dico: *e se andassimo nel mezzo? Fra la Loira e Berlino,
ovviamente senza vedere Berlino e senza visitare nessuno
castello:* lasci cadere ogni commento, ti sgratti le mani,
fa freddo anche in macchina, allunghi le dita e giri la leva
che aziona il ventilatore: *magari la Norvegia, mi sono sempre*

piaciuti i fiordi: incredibilmente due semafori di fila virano
al verde poco prima del nostro passaggio: *perché no,* aggiungo,
*potremmo prendere qualche lezione di canottaggio, e stare via
tutto agosto, potremmo scorciare fra la Corsica e la Sardegna,
costeggiare il sud della Francia, visitare Marsiglia, Barcellona
e Siviglia, e poi Lisbona e porto, e su verso La Coruña, salutare*

TALKING ABOUT INTERNATIONAL TRAVEL AT THE END OF NOVEMBER

Again this year, at the end of November, you tell me the same thing:
next year I want to go on vacation! The evening light
at five in the afternoon paints you like a melancholic
harlequin, sullen, fists clenched: *And then you'll invent
something for sure that obligates you to stay at home!* I want
to protest, tell you to stop it, to end it that it's irritating,

that complaining doesn't serve any purpose, but I don't, I'm silent,
I listen to your suspended nothingness, I might mumble a bit, for a few
seconds, but then keep my mouth shut: *and where would you like to go?*
To the castles of the Loire Valley, you say, while four boys in a car,
probably just out of the stadium after a soccer match,
roar past us, exchanging the traffic on Union street for

the roadway at Le Mans: *or to Berlin* you add: after a bit I
say: *and if we go someplace in the middle? Between the Loire Valley and Berlin,*
obviously without seeing Berlin and without visiting any
castles: you don't bother commenting, rubbing your hands,
it's cold even in the car, you extend a finger and turn the knob
that starts the heater: *maybe to Norway, I've always*

liked the fjords: incredibly two stoplights in a row turn
green just before our passage: *why not,* I add,
we can take some canoeing lessons, and stay away
all of August, we could take a shortcut between Corsica and Sardinia,
cruise the south of France, visit Marseilles, Barcelona,
and Seville, and then Lisbon and the port, and up towards La Coruña, salute

il faro di S. Mathieu, Saint-Malò, Calais, denudarci all'altezza della costa olandese, e poi tagliare a nord verso Bergen e i fiordi: mi guardi con la solita aria di commiserazione, a bocca storta: *è il caso di portarci una sciarpa, ed un giacca a vento*

the lighthouse of S. Mathieu, Saint-Malò, Calais, bare ourselves at the height of the Dutch coast, and then cut across north toward Bergen and the fjords: you look at me with the usual air of sympathy, mouth curled: *in that case we'll need to bring a scarf, and a windbreaker*

UTAMARO AI PIEDI DEL MONVISO

Il ramoscello di ciliegio è in fiore,
il vento sale dal mare e lo sospinge
verso le Alpi che la primavera ha
denudato: la sua schiena si riflette
nel vetro della finestra, il suo collo
si snocciola in cima alla spina
dorsale, un timido tratto leggero di
bianco slanciato verso l'alto, e i
capelli, una virgola nera, compatta,
in senso opposto: il tuo corpo semi
nudo si riflette in uno specchio
circolare che sta sul pavimento,
una custodia di faggio laccato:
l'asciugamano bianco ti fascia
come il fodero d'una spada,
comprimendo il piccolo seno,
che respiro ad occhi chiusi: per
un istante vedo i tuoi occhi che mi
cercano, si colano fluidi nei miei
e scombussolano le fragili norme
della mia grammatica francescana,
socchiudi le labbra e dici *mi lasci
sola . . . :* soffio il mio calore fra le
mani che sfrego, deglutendo: mi
inginocchio con le rotule contro
le tue natiche, poso le labbra
screpolate sulla pelle del tuo collo,
senza esagerare nella presa, ascolto
la tua risposta che riposa segreta
nel respiro e nel tremore della carne:
spillo via le matite nere che avevi

UTAMARO AT THE FOOT OF MONVISO

The cherry branch is in bloom,
wind climbs from the sea and pushes it
towards the Alps which spring has
laid bare: her back is reflected
in the window pane, her neck
sprouts from the top of her spine,
a delicate stroke of
slender white moving upwards, and her
hair, a black comma, compact,
in the opposite sense: your body semi
nude reflects in a circular
mirror that rests on the floor,
a box of lacquered beech:
the white towel wrapped
like the sheath of a sword,
compressing a small breast,
that breathes with eyes closed: for
an instant I see your eyes
searching for me, they melt fluid in mine
and disrupt the fragile rules
of my Franciscan grammar,
parting your lips you say *leave me
alone* . . . : I breathe heat into my
hands rubbing, swallowing: I
kneel down with my kneecaps against
your buttocks, press chapped
lips on the skin of your neck,
without overreaching, I listen
to your response which keeps secrets
in breath and in the tremors of flesh:
I remove the black pencil that you

infilate fra i capelli, la precipitazione
spande il profumo del balsamo che
hai cosparso dopo il bagno: svasso:
una mano si stringe al tuo mento,
mentre la mia faccia scompare sotto
le radici dei tuoi capelli: i denti si
fanno sentire, indelicati, lacerano
la spessa pelle dell'indice, mentre
ascolto i miei denti sfregare, ne
sento il rumore di gesso e il gusto:
sorridi: uso il sangue che esce senza
eccessiva drammaticità per incidere
l'ideogramma FUOCO (HI)
sulla sezione adulta della tua schiena,
quella che l'asciugamano non nasconde,
noto che giri il volto verso di me,
pizzicandoti le labbra, una goccia di
sangue è colata sul cotone: il ciliegio
ha smesso di oscillare, il Monviso si
staglia verso sud, sul profilo delle
vette: la lingua ripercorre i centimetri
di pelle scucendo ciò che il sangue
aveva marcato: sento che mi guardi
nello specchio: *il mio fuoco arde per te*

wove into your hair, the steam
spreads the balsam perfume that
you sprinkled after your bath: birdlike:
a hand presses your chin,
while my face disappears under
the roots of your hair: your teeth
make themselves felt, indelicately, lacerating
the thick skin of my index finger, while
I listen to my teeth grind,
sense the sound of plaster and its taste:
you laugh: I use the blood that flows without
any drama to inscribe
the ideogram for FIRE
on the mature part of your back,
the one the towel doesn't hide,
I notice that you turn your face towards me,
biting your lip, a drop of
blood collecting on the cotton: the cherry tree
has stopped swaying, Monviso
outlined towards the south, on the profile of
its summit: the tongue traces centimeters
of skin erasing what blood
had marked: I sense that you watch me
in the mirror: *my fire burns for you*

LA BELLEZZA DEGLI ANIMALI SELVATICI IN CORSA

A Carl Sandburg

Di certi uomini dire *E' stato un grande* non significa nulla:
grande è un aggettivo che avvizzisce prima di fiorire: dei
sette libri di poesia che hai pubblicato in vita tutti sono
venuti al mondo a New York, e tutti gli editori iniziavano
con la lettera H.: Holt, Harcourt, anche gli inediti che sono
stati disvelati ventisei anni dopo il tuo ultimo respiro sono
stati pubblicati a New York da un editore che inizia per H.,
Harvest, che in italiano significa *Raccolto:* quale nome
migliore! Ancora sondo le tue poesie scritte a Chicago,
la città dalle spalle larghe, dove i grattacieli di oggi che
i tuoi occhi non hanno mai visto convivono con la
borsa del grano che invece conoscevi, come la costa
del lago Michigan, lungo la quale andavi a correre e
a baciare sulla bocca ragazze che gli altri uomini ti
invidiavano: bizzarro come il tempo si fa soggettivo nelle
mani di persone distinte, che non hanno a che fare le une
con le altre: e così il tuo povero cristo con la c minuscola
viene impiccato ora, in un giorno qualsiasi del dicembre
duemilaenove, con chiodi di ferro mentre, morendo,
in croce, si rivolge agli uomini del villaggio e li accusa:
Siete degli spilorci, al mio paese la gente viene crocifissa
una sola volta e con chiodi d'argento

THE BEAUTY OF WILD ANIMALS RUNNING

To Carl Sandburg

For certain men saying *He was great* doesn't mean anything:
great is an adjective that withers before blooming: of the
seven poetry books you published in life all of them
came to the world from New York, and all the publishers started
with the letter H.: Holt, Harcourt, even those unpublished that were
unveiled twenty six years after your last breath were
published in New York by a publisher that started with an H.,
Harvest, which in Italian is *Raccolto:* what better
a name! Still I study those poems written in Chicago,
the city of big shoulders, where the skyscrapers of today, those
your eyes never saw live alongside the
mercantile exchange that you would have known, like the shore
of Lake Michigan, along which you would go running and
kiss girls that other men would
envy you for: strange how time is subjective in the
hands of certain people, that don't have anything to do
with one another: and like this your poor christ with the lowercase "c"
gets hung now, on an ordinary December day
of two thousand nine, with iron nails while, dying,
on the cross, turns to the village men and accuses them:
What misers, in my country people are crucified
only once and then with silver nails

I GATTI DI GEORGE BALLANTINE

Hai visto i denti stamane? Stanotte è venuta giù, lo sento io quando viene giù
dice la donna aggiustandosi la dentiera che al freddo aumenta il fastidio:
Seeeh . . . sembra la schiena grattata del mio vecchio, dove ha la malattia,
è tutto gratinato, chissà che diavolo succede lì sotto, solo il Dio lo sa,
una luce funebre incerniera le voci delle due, ne sanno qualcosa le postine,
che da anni graffiano dietro i vetri dell'ufficio, con le iridi che hanno
cambiato colore, tanto che i guardaroba hanno oramai sposato ogni
suggerimento di grigio, bandendo i rossi e i verdi sgargianti: quattro gatti
bianchi e macchiati si leccano stando seduti sul muretto di fronte alla
   vetrata,
assonnati, scettici: uno di loro si avvicina ad una bottiglia di scotch
che qualcuno ha dimenticato la notte prima, ci posa il naso e la rovescia
a terra: le lingue iniziano a saettare, prosciugando la pozza paglia che
s'era depositata fra i sassolini dell'asfalto: le due signore escono dalla
posta, si reggono l'una all'altra in un'unica radice d'uomo, vedono la
scena: *Brave bestie, anche voi ridotti in questo paese a bere alle dieci*
di mattina, dice una, *Io lo uso solo quando sento che ho la febbre alta,*
appena arriva trinco giù due bicchieri di quello buono e el passa tot

GEORGE BALLANTINE'S CATS

Have you seen my teeth this morning? Last night he came down, I hear him
   when he comes down
says the woman adjusting her dentures the irritation of them heightened
   by the cold:
Seeeh . . . looks like my old one's scraped up back, where he had the rash,
it's like au gratin, who knows what the hell's happening under there, only God
   knows,
a gloomy light joins their two voices, the postmen know something,
scratching away for years behind the glass of their offices, with their irises that
changed color, insomuch as the closets have by now espoused any
suggestion of gray, banning brilliant reds and greens: four cats
white and spotted lick themselves while seated on the ledge in front of the
   window,
sleepily, skeptical: one of them moves close to a bottle of scotch
that someone forgot there the night before, it positions its nose and
   knocks it
to the ground: tongues begin to dart, draining the straw colored puddle that
seeped along the asphalt's rough surface: the two women come out of the
post office, they hold one another forming the shape of a human root,
   seeing the
scene: *Bravo little beasts, even you're reduced in this country to drinking at ten*
in the morning, says one of them, *I only use it when I feel feverish,*
as soon as it comes on I drink down two glasses of the good stuff and then pass out

www.ingramcontent.com/pod-product-compliance
Lightning Source LLC
LaVergne TN
LVHW011428080426
835512LV00005B/320